ADMINISTRACIÓN DE PROYECTOS CON SCRUM

Luis Muñoz Briones

ADMINISTRACIÓN DE PROYECTOS CON SCRUM

SCRUM

IMPLEMENTACIÓN DEL SCRUM

1. INTRODUCCIÓN

En estas líneas voy a tratar de explicarles como entiendo yo las metodologías ágiles para TI (Tecnologías de la Información).

Voy a dejar a un lado las referencias históricas y me voy a dedicar sólo a explicar cómo poder implementarlas.

Al referirme a metodologías ágiles, estaré hablando de SCRUM, que es la más popular de las metodologías ágiles.

¿Qué es Scrum?,
¿De dónde proviene este término?

Scrum es una jugada de Rugby. Es una formación fija cuya función es la de disputar y volver a poner en juego la pelota, luego de una falta menor. Los jugadores de ambos equipos arman un túnel y la pelo

ta se introduce por el medio, se trata de echar la pelota para atrás para así quedarse con la pelota. Es una juga da colectiva en la que todo el equipo coopera, y por eso es que de aquí se obtuvo el nombre para esta metodología, ya que en la administración de proyectos con Scrum, se debe trabajar en equipo.

El Scrum es una herramienta que permite, en la mayor parte de los casos, hacer exitosa la administración de proyectos informáticos.

Sin embargo, no podemos dejar de mencionar el valioso aporte que a las tecnologías ágiles le ha otorgado Lean. IT desarrollado e impulsado por Toyota, cuyos principios son:
-entrega de valor continuo (en los productos de software),
-minimizar el desperdicio y,
-mejora continua, todas ellas han sido adoptadas por Scrum.
Lean trata de aligerar los procesos, eliminar la grasa, mediante los principios indicados en el párrafo anterior y el uso de buenas prácticas

En las próximas líneas explicaré en que consiste, para en los capítulos siguientes explicar cómo implementarlo. No daré enormes explicaciones sobre la teoría que hay detrás de esta herramienta, ya que lo que nos interesa es poder implementarla y que su re

sultado sea satisfactorio para todos y entiendan la filosofía que hay detrás.

La definición de Scrum: Es un marco de trabajo (muchos autores de libros sobre el tema, recalcan que no es una metodología, para nosotros, discutir sí es un marco de trabajo o una metodología nos importa bien poco) para la administración de proyectos en los que hay incertidumbre. Y todos sabemos que los proyectos de desarrollo de software, sin duda que tienen incertidumbre.

ADMINISTRACIÓN DE PROYECTOS CON SCRUM

Si está leyendo esto, es porque conoces lo que es un proyecto de TI y sabe lo que significa la administración de un proyecto con la metodología clásica, es decir, gastar un enorme tiempo en planificación, haciendo estimaciones de tiempo sobre cosas imaginarias que no las tenemos claras al instante de planificar, haciendo cartas Gantt (adiós a las Cartas Gantt, adiós a softwares como Project) y usando mucho papel y tinta en algo que sabemos sirve de bien poco. Si a eso agregamos toda la cantidad de esfuerzos y recursos usando "buenas prácticas" tales como PMBOK, CMMI o cualquiera de ellas, lo que implica cientos de hojas de documentación que nadie va a leer y que al final van a ir al cesto de la basura, podemos llegar a la siguiente conclusión: mucho esfuerzo y tiempo perdido en planificación y documentación.

Es bueno tratar de planificar, pero cuando el nivel de incertidumbre es muy alto no tiene mucho sentido. En Scrum también se planifica, pero en un ámbito mucho más limitado.

En la ingeniería de software, a diferencia de lo que ocurre con otras ramas de la ingeniería, al iniciar un proyecto, en general, no tenemos claro lo que hay que construir, hay mucha incertidumbre, por lo tanto, el costo del proyecto y el tiempo del proyecto pueden sufrir variaciones significativas. En las metodologías tradicionales, la toma de requerimientos puede tomar meses y sin embargo ya se ha entregado la planificación, tiempos y costos.

La documentación es necesaria, pero lo importante es el proyecto en sí. Recuerdo una vez que como jefe de proyecto seguí el lineamiento de PMBOK; resultado cientos de páginas de documentación, el alto de papeles era de 12 a 15 cm.; durante mucho tiempo me preocupé de ver si alguien utilizaba dicha documentación y así pude constatar que nadie la usó.

ADMINISTRACIÓN DE PROYECTOS CON SCRUM

En la administración tradicional de proyectos, se usa el ciclo de vida en cascada, denominada así, porque se realiza una fase, sólo cuando ha terminado la anterior.

ADMINISTRACIÓN DE PROYECTOS CON SCRUM

En la administración tradicional de proyectos informáticos, existen las siguientes fases:

- Definición de Requerimientos, aquí ya empezamos a planificar y hacer las famosas Cartas Gantt,
- Análisis y diseño,
- Construcción (programación),
- Prueba del sistema,
- Puesta en marcha y operación

Es decir, es una copia de los métodos que usa la ingeniería clásica y la arquitectura.

Bueno, después de la planificación viene la construcción de la solución y cuando se termina esta, vienen las pruebas y cuando ya quedamos conformes con las pruebas, entregamos -después de muchos meses de trabajo arduo- el proyecto a nuestro cliente. Pero es muy difícil especificar los requisitos inicialmente y en una única fase. Sólo al ver las primeras versiones, el usuario se va a dar cuenta que es lo que le sirve y que otras cosas necesita.

Existe una alta probabilidad que nos hayamos demorado muchos meses más de lo considerado inicialmente y que una parte importante del trabajo no sirva para nada y en un mundo cambiante, es probable que muchos de los requerimientos hayan cambiado. En el mejor de los casos, si el cliente es comprensivo, se va a quedar callado, pero sólo va a ocupar una pequeña parte del sistema.

Resultado: Frustración del cliente y frustración del equipo de desarrollo.

En cambio, en Scrum, no se entrega el sistema al final del proyecto, se van entregando productos terminados en borrador, en entregas parciales iterativas e incrementales, es decir, los productos entregados anteriormente también se van mejorando y se incluyen en la nueva entrega. Esos lapsos de tiempo en los que se hacen las entregas se denominan Sprint.

Los Sprint son tiempos fijos, en general, de entre una y cuatro semanas. Es decir, si nuestros sprint son de tres semanas, cada tres semanas entregaremos partes terminadas del sistema.

Scrum, a diferencia de la administración de un proyecto con la metodología tradicional, tiene leyes propias, roles propios, eventos propios y artefactos propios, y sin embargo, es fácil de implementar.

Recuerden:

- Roles propios, es decir, las tareas y obligaciones que tienen cada uno de los conformantes del equipo;

- Artefactos propios, es decir, las herramientas de las que se vale el Scrum, y

- Eventos propios, es decir, tiempos acotados en los que se cumple una función;
  todos ellos regidos por leyes del Scrum.

2. CÓMO FUNCIONA SCRUM

Señalábamos en el capítulo anterior que la primera fase en el desarrollo de un sistema era la Definición de Requerimientos.

En cada desarrollo de un sistema, sin importar la metodología utilizada, se requiere conocer las necesidades del cliente y eso lo efectúan los Analistas de Sistemas o Analistas de Negocios. Eso también se efectúa en los proyectos administrados con Scrum, pero ya aquí comienzan a haber sutiles diferencias.

Estas diferencias, quizás sutiles en el inicio del desarrollo, se hacen bastantes más grandes en el resto de las fases y eso es lo que vamos a ver en los párrafos siguientes.

Una vez que se tienen recopiladas todas las funcionalidades, se seleccionan las más importantes para el Cliente y se van entregando periódicamente, el cliente las va revisando, de allí surgen mejoras y se van entregando nuevas funcionalidades.

Con parte del sistema ya en manos del usuario, este va a darse cuenta de sus necesidades.

Resulta necesario impregnarse de la filosofía que hay detrás de Scrum, los valores en los que se fundan las tecnologías ágiles, podrían resumirse en los siguientes:

- Las personas y sus interacciones priman sobre los procesos y herramientas,
- Software funcionando por sobre la documentación,
- Es más importante la colaboración con el cliente, por sobre el contrato (aunque si hay falta de confianza sea difícil llevar a cabo),
- Es preferible adaptarse a los cambios por sobre el cumplimiento a una planificación estricta.

Estos valores llevaron a que un grupo de desarrolladores se pusieran de acuerdo en un conjunto de principios que se conocen como los Principios del Manifiesto Ágil (esta versión se ha obtenido de Wikipedia):

- Nuestra principal prioridad es satisfacer al cliente a través de la entrega temprana y continua de software con valor.

- Aceptamos que los requisitos cambien, incluso en etapas tardías del desarrollo. Los procesos ágiles aprovechan el cambio para proporcionar ventaja competitiva al cliente.

- Entregamos software funcional frecuentemente, entre dos semanas y dos meses, con preferencia al período de tiempo más corto posible.

- Los responsables del negocio y los desarrolladores trabajamos juntos de forma cotidiana durante todo el proyecto.

- Los proyectos se desarrollan en torno a individuos motivados. Hay que darles el entorno y el apoyo que necesitan, y confiarles la ejecución del trabajo.

- El método más eficiente y efectivo de comunicar información al equipo de desarrollo y entre sus miembros es la conversación cara a cara.

- El softtware funcionando es la medida principal de progreso.

- Los procesos ágiles promueven el desarrollo sostenido. Los promotores, desarrolladores y usuarios debemos mantener un ritmo constante de forma indefinida.

- La atención continua a la excelencia técnica y al buen diseño mejora la agilidad.

- La simplicidad, o el arte de maximizar la cantidad de trabajo no realizado, es esencial.

- Las mejores arquitecturas, requisitos y diseños emergen de equipos auto-organizados.

- A intervalos regulares, el equipo reflexiona sobre cómo ser más efectivo para, a continuación, ajustar y perfeccionar su comportamiento en consecuencia.

Entender estos doce principios y hacerlos nuestros es esencial para tener éxito en el uso de las metodologías ágiles. Léalo y empápese de cada uno de ellos.

Entonces, partamos con la etapa de recopilación de funcionalidades.

UN BUEN EQUIPO.

Para conseguir éxito se requiere un buen equipo de desarrolladores (developers) y un buen equipo no debiera ser mayor de nueve integrantes; si el proyetco es tan grande que requiere más de nueve personas, se recomienda dividir el proyecto en dos ò más.

Seleccionar personas adecuadas, que sepan trabajar en equipo, no el genio que trabaja sólo. Si se encontró a una persona adecuada, hay que retenerlo.

Los integrantes del equipo deben dedicarse al proyecto, no estar repartidos en varios proyectos-

El equipo debe ser capaz de auto-organizarse, ser autónomos, con alta capacidad de adaptación, ser responsables; ser multifuncionales, es decir, en un instante estar programado, en otro instante estar haciendo control de calidad a un programa de un compañero, en otro instante estar documentando, etc.

3. EL ROL DEL PRODUCT OWNER (PO)

En Scrum se toman todas las historias de usuarios (los requisitos, o requerimientos o funcionalidades del sistema o como quiera llamárseles, a mí me gusta llamarlos funcionalidades, y es así como las voy a llamar de aquí en adelante, aunque en Scrum se usa más el nombre de historias de usuarios).

En general, esta tarea la realizan los Analistas de Negocios o Analistas de Sistemas, y tal como en cualquier proyecto de sistemas, dependiendo del tamaño y la complejidad del sistema, podría haber uno o varios analistas. Sin embargo, en Scrum hay un "analista principal", que en Scrum se denomina Product Owner (ya tenemos el primer rol, cuya principal función consiste en priorizar las funcionalidades que son necesarias para el cliente (más bien stakeholder) y el conjunto de estas historias de usuarios, se denominan Product Backlog (tenemos ahora el primer artefacto, la lista de las funcionalidades).

El Product Owner (PO), será responsable de la administración de la Product Backlog. Cada uno de los ítems de la Product Backlog se llama PBI (Product Backlog Item). El PO puede modificar en cualquier instante las PBI's, aún eliminarlas o también agregar nuevas PBIs, esto se tiene que hacer en conformidad con el cliente. En muchos proyectos, el PO es provisto por el cliente.

Es imprescindible que el PO tenga autoridad para tomar decisiones.

El término stakeholders, se usa en la mayoría de las metodologías de administración de proyectos, su traducción corresponde a "interesados", los que están conformados por el cliente y los usuarios.

El Product Owner actúa como representante de los stakeholders y es el interlocutor de los stakeholders con el equipo de trabajo.

En general, llamamos cliente a quien firma el contrato, si el cliente es interno, es decir de la empresa en la que trabajamos, seguramente va a ser el Gerente del Área solicitante, si trabajamos para una empresa externa, se va a tratar de algún gerente o ejecutivo que represente a la empresa.

Los stakeholders son los que deben proveer todo el conocimiento a los analistas.

El PO debe ordenar las PBI's según la importancia que tiene cada una de ellas **para el negocio o para el cliente**, y debe ordenarlas de mayor importancia a menor.

El PO debe participar en las Sprint Planning (veremos más adelante en que consiste este evento).

El PO debe estar siempre disponible para contestar cualquier duda que pueda tener el equipo.

En general, el Product Backlog se maneja en una simple planilla Excel (también se utiliza un software denominado JIRA. Yo al menos, no lo he usado nunca)

JIRA SOFTWARE se puede probar "gratís" por siete días

Esta era sólo una información de referencia, prosigamos con el uso más tradicional: la planilla Excel.

¿Qué información de los PBI's se debería considerar en la planilla Excel? Al menos, los siguientes:

- Nombre de la funcionalidad,
- Código,
- Descripción,
- El usuario solicitante,
- Fecha de la Solicitud,
- Tiempo estimado de desarrollo por parte del PO,
- El tiempo planificado por el team (esto lo vamos a ver posteriormente),
- Importancia (una buena idea que leí, es de dar un código numérico de 10 en 10, si así en algún instante se decide cambiar la importancia de una funcionalidad, bastará con cambiar este código, intercalándolo en el lugar deseado).

Hasta aquí, ¿hay gran diferencia con las metodologías clásicas?

Lo más probable es que conteste que no, pero cuidado, en un proyecto administrado con la metodología clásica no se pueden hacer cambios a los PBI's y menos agregar nuevos PBI's o quitarlos (eso sería considerado una transgresión morrocotuda en la metodología clásica). Tampoco se ordenan estos por la importancia para el Negocio.

¿Qué es lo nuevo que tenemos hasta aquí?

Un personaje llamado Product Owner, quien reúne todas las funcionalidades requeridas y que las ordena según la importancia que esta tiene para el Negocio y esa lista se llama Product Backlog.

4. EL ROL DEL SCRUM MASTER

Ya es hora de agregar un nuevo rol, se trata del Scrum Master.

¿Qué es esto?

Por ahora digamos que es lo más cercano a lo conocemos como Jefe de Proyecto, porque ya se estarán dando cuenta, que el Jefe Proyectos no existe en Scrum. El equipo (Development Team) se autogestiona, pero el Scrum Master es su líder.

Además, es el encargado de comprometer a los integrantes del equipo con los principios y valores de Scrum.

Debe eliminar todos los impedimentos que obstaculicen el buen desempeño del equipo.

Posteriormente se irán dando cuenta de otras actividades que hace el Scrum Master, que no son pocas.

Querámoslo o no, tiene que haber un responsable del proyecto ante nuestro cliente, aunque Scrum no lo considera, tiene que existir el Jefe de Proyecto y una opción es que este Jefe de Proyecto asuma como Scrum Master.

Las funciones del Scrum Master serán indicadas más adelante.

5. SPRINT PLANNING: EL PRIMER EVENTO

Una vez que el Product Owner avisa al Scrum Master que ya tiene el Product Backlog, este último convoca a una reunión denominada Sprint Planning. El Scrum Master comunica al PO y a los desarrolladores o developers (en Scrum todos los integrantes del equipo de desarrollo reciben el nombre de developers).

Una observación: Se recomienda que la cantidad de developers no exceda de 9 (por los problemas de coordinación que se producen cuando hay más integrantes) y no tiene mucho sentido administrar un proyecto usando Scrum con menos de tres desarrolladores, aunque se pueden usar muchas de sus ideas.

El Scrum Master invita a los developers y al PO a una reunión.

"Damas y Caballeros tengo el honor de invitarlos a nuestro primer Sprint Planning para el día Lunes 23 de Julio a las 16:00 hrs. en nuestra sala de reuniones. Esta reunión empezará a las 16:00 hrs. en punto y tendrá una duración de 2 horas".

La duración de este evento puede ser 2, 3 4 horas o quizás todo el día, va a depender del equipo de desarrollo, del tiempo de nuestro Sprint, de la complejidad del sistema, etc. En Scrum se trata de que todos los eventos sean siempre de la misma duración. Por supuesto que, si vemos que en una reunión de 2 horas no alcanzamos a planificar un sprint, cambiaremos el tiempo de duración de este evento para los Sprint posteriores.

Sin duda no es necesario ser tan formales, pueden avisar verbalmente, pero siempre conviene una ratificación vía mail. En lo que sí hay que ser rigurosos, es en la puntualidad y la duración de la reunión.

El Scrum Master debe ser inflexible en que se respete la hora de inicio y la hora de término de la reunión.

En la fecha, hora y lugar señalado, comienza la reunión. El Scrum Master hace de moderador y conductor de este evento.

Después de unas palabras iniciales para indicar el objetivo de la cita, deja la palabra al Product Owner, para que explique el primer PBI. Y enseguida, los developers hacen preguntas para aclarar dudas.

A continuación, se desagrega la PBI en actividades o tareas necesarias para llevar a cabo la PBI. Es así que todo el equipo conoce de que se trata la PBI.

Así se continúa con los siguientes PBI´s.

Recuerde que los PBI´s a desarrollar en el Sprint tiene un tiempo limitado, sólo se puede desarrollar lo que se alcance en el tiempo del Sprint.

6. LA PLANIFICACIÓN DEL SPRINT

En este instante se determina el tiempo en días/ hombre (o días/mujer para que no se molesten las feministas) de cada actividad del PBI, y por ende, el tiempo total planificado para el PBI. Para que no haya conflictos, emplearemos el término de días/developer. En líneas posteriores explicaremos cómo se calcula este valor.

El tiempo disponible total del Sprint resulta de multiplicar la cantidad de developers por la cantidad de días del Sprint. Ejemplo: Si el Sprint es de 2 semanas (10 días hábiles) y tenemos 4 developers, tendremos 40 días/developer disponibles, pero eso si el 100% del tiempo fuera aprovechado en el proyecto y sabemos que en general no es así, por lo tanto, debemos multiplicar este resultado por un factor, supongamos 0.8. En el ejemplo, dispondríamos de 32 días/developer para el Sprint.

¿Qué pasa si el tiempo del PBI excede el tiempo disponible? Tenemos que decirle al PO que separe el PBI en dos.

Si en cambio nos queda tiempo disponible del Sprint, seguimos con el siguiente PBI.

El ideal es que en un Sprint se puedan planificar varios PBIs.

Entonces, expliquemos como se planifica el Sprint. Podrá darse cuenta que también se usa la planificación en Scrum.

7. PLANNING POKER

Si bien en un equipo muy experimentado y con mucho tiempo trabajando juntos se puede llegar a un tiempo de cada actividad consensuado fácilmente, se recomienda utilizar una metodología denominada Planning Poker (hay muchos nombres para esto, en la literatura podrán encontrar variados nombres), la que vamos a tratar de explicar en las líneas siguientes:

En Wikipedia aparece la siguiente definición:

El póker de planeamiento está basado en una lista de características para ser entregados y una baraja de cartas. La lista de características, por lo general una lista de <u>historias de usuario</u>, describen un software que necesita ser desarrollado.

Las cartas en el mazo están numeradas. Un mazo típico contiene tarjetas mostrando la secuencia de Fibonacci incluyendo un cero: 0, 1, 2, 3, 5, 8, 13, 21, 34, 55, 89. Otros mazos utilizan progresiones similares. La razón de utilizar la secuencia de Fibonacci es reflejar la incertidumbre inherente en la estimación. Un mazo que se encuentra en el mercado utiliza la siguiente secuencia: 0, ½, 1, 2, 3, 5, 8, 13, 20, 40, 100, y adicionalmente dos tarjetas, una con signo de interrogación (?) y otra con signo de infinito (∞), que pueden ser usadas para declarar completa incertidumbre o desconocimiento de la característica.

Por lo tanto, solicitemos que alguien tome unos pliegos de cartulina, los corte en unos 16 rectángulos

(por supuesto que va a depender del tamaño del pliego) y coloque los números y signos siguientes: 0, ½, 1, 2, 3, 5, 8, 13, 20, 40, ?, ∞. *Necesitaremos tantos mazos como developers tenga el proyecto.*

Quizás podría crearse la carta de ¼.

Para el Planning Poker hay que construir varios mazos de cartas de cartulina. Cada carta va a tener un número: 0, ½, 1 , 2, 3 …..

A cada developers se le reparte un mazo de cartas.

Una vez que la actividad ha sido descrita y han sido despejadas todas las dudas, el Scrum Master indica que todos los developers al mismo tiempo, muestren la carta que represente el tiempo en días/developer de la actividad.

Lo más probable es que haya diferencias entre cada estimación, entonces el Scrum Master le indica al developer que indicó el menor tiempo, ¿por qué cree que ese sería el tiempo de demora de la actividad? Enseguida hace lo propio con aquel que señaló la mayor demora y por supuesto que los otros integrantes también pueden opinar.

Luego se itera el proceso. Si es necesario, se vuelve a repetir, hasta que haya un relativo consenso. Pero recuerde, los developers son los únicos que pueden indicar el tiempo de la actividad, ni el Scrum Mas

ter, ni el PO pueden cambiar los valores. Ahora, si usted es el Scrum Master y considera que el equipo está exagerando en los tiempos o más que exagerando, saboteando esta metodología, tendría que pensar en reemplazar a los integrantes del equipo.

Lo importante es que el equipo es el que se compromete en efectuar la actividad en un tiempo determinado.

La suma de los tiempos de todas las actividades de cada PBI del Sprint, es lo que debe tenerse en cuenta. Y esta es la forma en que se planifica del Sprint.

El Scrum Master en su Notebook va tomando notas de los acuerdos, los que quedan a libre disponibilidad de los developers. Por supuesto que los developers también deberían ir tomando apuntes, colaborando con el Scrum Master.

En general, este evento se aprovecha también para tener más información que le sirva al programador, al tester y al documentador, pero en Scrum se trabaja en equipo, por lo tanto, todos hacen de todo.

Para ello se podría emplear Gherkin, el que es un lenguaje de unas pocas instrucciones que nos permite tener información útil para el desarrollo. Algo más sobre Gherkin se encuentra en anexo adjunto.

Con esto queda la planificación del Sprint terminada.

El Scrum Master informa en general a través de mail a todos los stakeholders (y también a los developers y PO) de la fecha, hora y lugar de entrega a prueba del Sprint.

Y el equipo ya puede comenzar a trabajar en el Sprint.

8. ADMINISTRAR EL FLUJO CON KANBAN

Vamos a ver una herramienta que nos permite planificar y llevar el control de los trabajos. Esta herramienta no sólo se puede aplicar en Scrum, sino que en todo tipo de tareas.

Pero antes para la implementación de Scrum, el Scrum Master necesitará algunos materiales que nos serán de gran utilidad en las próximas etapas.

Debe conseguir varios pliegos de cartulina (3 o 4 pliegos de un color clarito), los que serán pegados una al lado de la otra en una pared (bien visible y a la que todos los developers tengan acceso cómodo). Aquí vamos a llevar información del estado del proyecto.

Vamos a necesitar varios cuadernillos con Post-It (que sean relativamente grandes).

Para administrar el trabajo del Sprint, vamos a utilizar una metodología muy sencilla, pero muy efectiva, se trata del Tablero KANBAN.

El origen de la **metodología Kanban** se encuentra en los procesos de producción just-in-time (JIT) ideados por Toyota. En ellos se empleaban tarjetas para identificar las necesidades de material en la cadena de producción. Kanban, es una palabra japonesa cuyo significado corresponde a "tarjetas visuales", donde Kan es "visual", y Ban corresponde a "tarjeta".

Para explicar mejor el uso del tablero Kanban, vamos a dar un ejemplo con un tablero Kanban para administrar nuestras tareas personales.

En la cartulina vamos a dibujar varias columnas:

Una primera columna con el título: TRABAJOS PENDIENTES (todas las cosas que tiene proyectadas hacer en los próximos días), Use post-it, en cada uno de estos, coloque cada una de las tareas pendientes y péguelos en esta columna.

Una segunda columna con TRABAJOS PARA HOY. Saque de la columna de TRABAJOS PENDIENTES las tareas que va a hacer hoy. Aquí hay que colocar una restricción, un máximo de trabajos que va a hacer hoy, por ejemplo 3, es decir, en esta columna nunca pueden haber más de 3 trabajos. Al final de la jornada, si un trabajo planificado para el día, no alcanzó a terminarlo, lo debe devolver a TRABAJOS PENDIENTES

Una tercera columna con TRABAJOS EN EJECUCIÓN, a esta agrégale un número con la cantidad de trabajos que piensa que es capaz de realizar a la vez (por ejemplo: 1, a menos que tenga una capacidad especial que te permita efectuar más de un trabajo a la vez y como suponemos que es un ser humano, no podría ejecutar más de un trabajo a la vez), por lo tanto, en esta columna sólo habría un solo post-it (si se trata de un equipo, indudablemente que habría varios trabajos simultáneos).

Una cuarta columna, con TRABAJOS EN ESPERA, aquí vamos a colocar aquellos trabajos que están pendientes de terminar, porque las tiene una tercera persona, coloquemos también una restricción de 3. Si tiene tres trabajos, debe dedicarse a conversar con quien tiene pendientes estos trabajos y presionarlo para que los termine.

Por último, una columna con TRABAJOS TERMINADOS.

Esta sencilla herramienta le permite planificar su día y tener visible todo lo que tiene que hacer y lo más importante ir terminando tareas. Hay un dicho: "El que abarca mucho aprieta poco".

Por supuesto, si se trata de un grupo de trabajo, permite que todo el grupo tenga la información, y transparentar todo el trabajo del grupo.

Aquí vamos a utilizar las siguientes columnas:

· TRABAJOS PENDIENTES DEL SPRINT,

· TRABAJOS A EFECTUAR HOY (piense en cuantos trabajos son capaces de terminar en un día y ese número será la restricción, si al correr los días, ve que pueden hacer más o menos, cambie este número),

· TRABAJOS EN EJECUCIÓN (si hay 4 developers, el máximo de trabajos en ejecución será de 4). Aquí vamos a crear una sub columna con los trabajos termina dos, es decir, si se termina un trabajo lo dejamos en la sub columna Trabajos Terminados.

· TRABAJOS EN TESTING (también coloque una restricción, por ejemplo 3). Si ya hay tres trabajos se va a producir un cuello de botella y eso va a significar que uno o más de los developers tendrá que trabajar temporalmente como QA, los integrantes del team van asumiendo diversos roles para así optimizar el flujo.

· TRABAJOS VALIDADOS. En esta columna van quedando todos los productos terminados y se deberán incorporar al script que los suba al servidor de pruebas.

Como se dan cuenta, las restricciones permiten que haya un flujo continuo.

Volvamos a trabajar en el Sprint.

9. EL EVENTO DAILY SCRUM

El Scrum Master avisa que, a partir del día siguiente, todas las mañanas, se va a efectuar una reunión del equipo con una duración de 15 minutos, para revisar los trabajos efectuados en la jornada anterior y efectuar el plan del día. Esta reunión se denomina generalmente Daily Scrum o Daily Meeting.

Si la jornada comienza a las 9:00 AM, una buena hora para esta reunión sería a las 9:15 AM, así los remolones alcanzan a llegar a tiempo y los sacadores de vuelta no tendrían excusas, los demás alcanzan a tomarse un café o comentar sobre el último partido de la "U" o sobre la última encuesta política. A esta reunión deben asistir: PO, Developers y Scrum Master. El Scrum Master debe velar porque nunca demore más de los 15 minutos acordados.

Todos los developers están de pie (son sólo 15 minutos) viendo el tablero KANBAN con las tareas pendientes y actualizando el flujo en este tablero

El Scrum Master va preguntando a cada developer

¿Cuál fue su contribución al éxito del Sprint durante la última jornada?

¿Con qué problemas se encontró?

¿Con que tareas del Sprint va a contribuir en la jornada del día de hoy?

¿Hay algún impedimento o requiere algo para ejecutar las tareas de hoy?

Esta es además la instancia para resolver cualquier duda del developer sobre los trabajos que se van a efectuar en el día.

En el Tablero KANBAN cada developer, debe dejar en la columna TRABAJOS A EFECTUAR HOY los trabajos que va a efectuar durante la jornada, para ello en el Post-it, debe registrar su nombre y luego preocuparse de ir moviendo los trabajos de acuerdo al flujo.

Una buena idea es que cada developer tenga un Post-it de tamaño menor y de un color diferente para que pegue sobre el Post-it de la tarea.

Otra buena idea es que el Scrum Master con su celular, fotografíe el tablero Kanban al finalizar la reunión.

10. CONTROL DEL AVANCE DEL SPRINT

Una herramienta útil para que todos vayan viendo el avance del Sprint, es el utilizar un diagrama llamado Burn Down.

De acuerdo a la definición de Wikipedia:

*Un **diagrama burn down** o diagrama de quemado es una representación gráfica del trabajo por hacer en un proyecto en el tiempo. Usualmente el trabajo remanente (o backlog) se muestra en el eje vertical y el tiempo en el eje horizontal. Es decir, el diagrama representa una serie temporal del trabajo pendiente. Este diagrama es útil para predecir cuándo se completará todo el trabajo. Usualmente se usa en el desarrollo ágil de software, especialmente con Scrum.*

En que consiste este gráfico

Burn Down

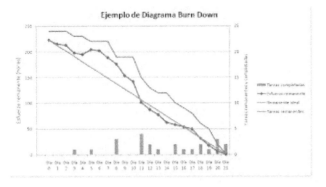

Colocar todos los días que se van a trabajar a partir del día cero, es decir 0, 1, 2, 3, etc. Como vamos a trabajar 10 día hábiles, frente a cada día vamos a colocar una columna con los días/hombres para acabar el Sprint. Ejemplo: Habíamos puesto en el ejemplo 32 días/developer, con ese mismo ejemplo veamos, es decir el día cero, el alto de la columna va a ser de 32; el día uno supongamos que hacemos 2,1 días/developer por lo tanto el alto de la columna va a ser de 29,9, si el día dos hacemos 2,6 días/developer, el alto dela columna va ser de 27,3. Basta hacer simple curva para ver que vamos a terminar el Sprint cerca del día doce, estamos atrasados, el equipo tiene que aumentar el ritmo de trabajo. Nos da una visión muy gráfica del estado en el que estamos. Como este gráfico se va a pegar

al lado del tablero KANBAN, todos lo van a estar viendo constantemente.

Es así como se va trabajando todos los días.

Si el Sprint se completa antes del tiempo, enhorabuena, el tiempo remanente se puede utilizar para revisar los trabajos del próximo Sprint y una parte del tiempo para que los developers actualicen sus conocimientos, ya que en un mudo que evoluciona tan rápidamente siempre hay que estar enterándose de lo nuevo.

Si el Sprint no se completa, el equipo debe dar la cara frente a los stakeholders.

11. EL EVENTO SPRINT REVIEW

Como ya dijimos, al término del Sprint se debe realizar una reunión llamada Sprint Review y que fue citada al inicio del Sprint. Nunca está demás reiterar la invitación a los stakeholders para que reciban una presentación con las nuevas funcionalidades y las puedan probar (también se debe incluir un manual para el usuario). Todas las consultas deben ser respondidas por el equipo.

En el servidor de pruebas van a quedar las funcionalidades para que puedan seguir siendo probadas. Los usuarios deben enviar todas las observaciones que tengan por estas pruebas. Aunque haya muchas observaciones, todo debiera ser corregible y en forma rápida, muy distinto es cuando el usuario se encuentra de sopetón con todo el sistema y hay que hacer casi todo de nuevo.

Espero que en el primer Sprint Review les vaya estupendo y por supuesto que en todos los posteriores les vaya igual de bien.

12. EL EVENTO SPRINT RETROSPECTIVE

Posterior al Sprint Review se reúne el Development Team y el Scrum Master para analizar el trabajo efectuado, esta reunión se denomina Sprint Retrospective, es una reunión de dos o tres horas en la que el equipo hace una retrospectiva al Sprint, viendo que cosas pueden y deben mejorarse en los próximos Sprint. Esta reunión es muy importante, porque en ella el equipo se va consolidando y mejorando su rendimiento.

Es así como se prosigue con los demás sprint.

13. FUNCIONES DEL SCRUM MASTER

En párrafos anteriores se han descrito múltiples funciones que tiene el Scrum Master, en las siguientes líneas daremos un detalle de estas funciones:

- Actúa como líder del equipo.
- Se encarga de hacer las comunicaciones oficiales con los stakeholders,
- Modera las reuniones del equipo tratando de hacerlas lo más productivas.
- Transmite los principios y valores del Scrum.
- Despeja todos aquellos obstáculos que impidan el buen desempeño del equipo.
- Lucha porque el equipo trabaje exclusivamente en el proyecto.
- Evita las distracciones que puedan afectar al equipo.
- Maximiza la productividad del equipo.

14. MEJORAR LA PRODUCTIVIDAD

Para el éxito del Sprint es fundamental la productividad de los developers, para ello el Scrum Master debe esforzarse para que ellos no tengan interrupciones cuando estén trabajando, evitando que lleguen usuarios a interrumpir el trabajo, que se converse en voz alta en la sala de trabajo, evitar que los developers usen WhatsApp, que escuchen música mientras trabajan, etc.

A fines de la década de los 80, el italiano Francesco Cirillo desarrollo una técnica que al parecer mejoraría el rendimiento de los developers (y de todos los trabajadores según sus defensores), se trata de la Técnica Pomodoro.

En las próximas líneas les presento una explicación muy didáctica que aparece en Wikipedia.

La técnica usa un reloj para dividir el tiempo dedicado a un trabajo en intervalos de 25 minutos -llamados 'pomodoros'- separados por pausas. Relacionado con conceptos como timeboxing y desarrollo iterativo e incremental, usados en el desarrollo de software, el método ha sido adoptado en contextos de desarrollo ágil y Programación en pareja (pair programming) además de otros contextos de trabajo.

La técnica Pomodoro tiene como objetivo que se logren tantas tareas como sea posible en la menor cantidad de tiempo (por eso está muy relacionado con Kanban), mante

niendo una concentración alta mientras el cerebro está fresco y descansado. Durante 25 minutos se debe trabajar sin distracciones de ningún tipo, eso es lo que se llama "pomodoro". Cuando un pomodoro finaliza hay 5 minutos de descanso. Después de cuatro pomodoros (o 100 minutos de trabajo), hay un descanso de 15 minutos para hacer algunos ejercicios, caminar, ver videos de Youtube, etc.

15. RESUMEN FINAL

Scrum es un marco de trabajo para el desarrollo de sistemas con incertidumbre, dentro de lo que se conoce como Metodologías Agiles.

Scrum está conformado por roles, eventos y artefactos, todos ellos regidos por las leyes de Scrum.

Dentro de los Roles tenemos:

Scrum Master,

Product Owner,

Stakeholders,

Developers.

Dentro de los eventos se encuentran:

Sprint Planning,

Daily Meeting,

Sprint Review,

Sprint Retrospective.

Dentro de los artefactos podemos indicar:

Product Backlog,

Planning Poker,

ADMINISTRACIÓN DE PROYECTOS CON SCRUM

Tablero Kanban

Gráfico Burn Down

16. COMENTARIOS AL EPILOGO

Para que sea exitosos el Scrum es fundamental un equipo de trabajo cohesionado, en que todos remen hacía el mismo lado, en el que haya buena relación entre sus integrantes. El Scrum Master tiene que actuar como el Coach del equipo, poniendo atención a todas las actitudes de los integrantes, anticipándose a los conflictos, siendo siempre transparente, dando confianza –no sólo profesional- como ser humano.

Si aplicamos el principio de Pareto, que señala que el 20% de lo que hacemos produce el 80% de los resultados, también en el desarrollo de sistemas hay una relación que indica que en el 20% del tiempo de desarrollo de un sistema se efectúa el 80% de lo que necesita el sistema para operar, por lo tanto, ya en los primeros Sprint tendríamos desarrollado lo fundamental del sistema; es así que el cliente mucho antes de que el equipo termine el sistema, los usuarios deberían poder estar usándolo a plenitud.

Como el Product Backlog es dinámico, lo más probable es que al final estemos desarrollando complementos al sistema que el cliente ni siquiera había soñado cuando decidió la contratación del proyecto y este es un plus que merece ser dado a conocer.

De hecho, muchas de las ideas de SCRUM se pueden aplicar no sólo en administración de proyectos, sino en la administración de un departamento de

TI, así por ejemplo el Daily Meeting, el uso de los tableros KANBAN (esto ya se está usando en muchas otras áreas de las empresas), una planificación mensual o semanal que podría ser equivalente a un Sprint, la misma Sprint Retrospective se podría hacer mensualmente para que los integrantes del departamento tengan una reunión formal en la que hacer sugerencias para la mejora continua del departamento. Scrum es un marco de trabajo aplicable a muchas cosas.

Hay mucha literatura sobre Scrum. Internet está plagada de información sobre Scrum.

ANEXO

BDD (Behavior Driven Development)

Una herramienta que facilita el trabajo de los developers, tanto en la programación y en la documentación, como principalmente en el proceso de pruebas es BDD (Behavior Driven Development) o Desarrollo Dirigido por Comportamiento, y al menos para mí, las pruebas minuciosas resultan fastidiosas.

La principal razón del uso de BDD, es el ahorro tiempo y con las pruebas automatizadas se puede reducir el tiempo de las pruebas considerablemente. Además, al automatizar las actividades comunes que no requieren de inteligencia humana, los testers reales pueden dedicar mayor tiempo a pruebas más críticas y caminos más elaborados, dejando los caminos básicos a las pruebas automatizadas.

En BDD se escriben las pruebas antes de escribir el código fuente, pero en lugar de pruebas unitarias, se escriben pruebas que verifiquen que el comportamiento del código es correcto desde el punto de vista de negocio. Luego se escribe el código fuente de la funcionalidad. Después se refactoriza el código fuente.

¿Qué es la refactorización?

De Wikipedia: En ingeniería del software, el término refactorización se usa a menudo para describir la modificación del código fuente, sin cambiar su comportamiento, lo que se conoce informalmente por limpiar el código. La refactorización se realiza a menudo como parte del proceso de desarrollo del software: los desarrolladores alternan la inserción de nuevas funcionalidades y casos de prueba con la refactorización del código para mejorar su consistencia interna y su claridad. Los tests aseguran que la refactorización no cambia el comportamiento del código.

A partir de la historia de usuario o funcionalidad, esta se escribe como:

"Como [rol] quiero [característica] para que [los beneficios]", estandarizándolas en un lenguaje específico para BDD, denominado Gherkin (pepinillo en vinagre).

Gherkin, es un lenguaje comprensible por humanos y por computadores, con el que se describen las funcionalidades, definiendo el comportamiento del software, sin entrar en su implementación. Se trata de un lenguaje sencillo de leer, de entender y de escribir.

Para generar este código Gherkin, existen dos opciones o instancias

·Antes de los Sprint Planning, al menos un developer debe trabajar en conjunto con el Product Owner y en conjunto generar el código.

· La otra opción es que en el mismo Sprint Planning, una vez que el Product Owner ha explicado una PBI, los developers desarrollen el código en Gherkin (así aprovechan de enseñarle al Product Owner la forma en que se codifica en este lenguaje.

Utilizar Gherkin va a conseguir dos objetivos: crear una documentación viva y a la vez automatizar las pruebas.

Gherkin tiene sólo 5 sentencias, las que son

· Feature: Indica el nombre de la funcionalidad a probar. Debe ser un título claro y explícito. Se incluye una descripción en forma de historia de usuario: "Como [rol] quiero [característica] para que [los beneficios]". Sobre esta descripción se comienzan a construir los escenarios de prueba.

· Scenario: Describe cada escenario a probar (Ejemplo: El caso que siempre se pone de ejemplo es el de una tarjeta de crédito en un cajero automático. Un escenario sería: Fecha actual, mayor que fecha de vencimiento de la tarjeta; otro: tarjeta tiene indicación de perdida; otro: tarjeta inválida, etc.

· Given: Provee contexto para el escenario en que se va a ejecutar el test, o pre-requisitos en los datos. Incluye los pasos necesarios para poner al sistema en el estado que se desea probar.

· When: Especifica el conjunto de acciones que lanzan el test. La interacción del usuario que acciona la funcionalidad que se desea testear.

· Then: Especifica el resultado esperado en el test. Se observan los cambios en el sistema y si estos son correctos.

De Wikipedia: Los criterios de validación deberían estar escritos en términos de las situaciones y además implementados como cláusulas: (usando el principio Given-When-Then) Dado que [contexto inicial], cuando [ocurre el evento], entonces [asegurar algunos resultados].

Lo normal es probar distintos escenarios para comprobar una determinada funcionalidad. Así se pasa de historias de usuario a pruebas de comportamiento automatizables. Para automatizar estas

pruebas se utiliza una herramienta denominada CUCUMBER que lee el lenguaje Gherkin

Para instalar Cucumber simplemente se debe ejecutar desde una ventana de línea de comandos:

npm install -g cucumber

Los casos de tests se escriben en archivos con la extensión ".feature", y dentro de cada uno de estos archivos hay uno o más escenarios de prueba

Se recomienda crear una carpeta de nombre cucumber, dentro de esta una carpeta denominada features, y en esta última dejar los archivos en Gherkin.

Vamos a partir de una historia de usuario que copié de una página de Internet, con el esquema clásico: "Como [As a human] quiero [search GenbetDev en Google] para que [find GenvetaDev website]", para crear el caso de prueba que vamos a automatizar con Cucumber:

Feature: Buscar GenbetaDev en google

As a human

I want to search GenbetDev en Google

So I can find GenvetaDev website

Scenario: Search for Genbeta Dev

Given I have visited Google

When I search for "GenbetaDev"

Then I see "Genbeta Dev"

A este archivo lo llamaremos 'primer_ejemplo.feature'.

Para ejecutar el test, se ejecuta:

cucumber-js features/primer_ejemplo.feature'

(En   linux   sería: cucumber.js
features/primer_ejemplo.feature)

Cucumber puede generar un archivo en JavaScript, JAVA y otros lenguajes.

Con Cucumber se deben indicar los complementos, dependiendo también del lenguaje de programación que se use. Por ejemplo, para pruebas web, se puede apoyar en capybara, cucumber-mink, o en navegadores como zombie.js o phantom.js, junto con selenium webdriver.

INDICE

ANEXO

sobre el autor:

Luis Muñoz Briones, es ingeniero y escritor chileno con numerosas novelas publicadas, las cuales se encuentran disponibles en www.amazon.com

Entre las novelas del autor, se encuentran:

- Cerebros invadidos,
- Visitante de espacio,
- Año 2073,
- Buscando Presidente,
- Telépatas,
- Ente de otra dimensión,
- Los pequeños del Desierto de Atacama

Sus comentarios u observaciones dejarlas registradas en amazon.com o escribir al mail del autor:

luismunozbriones.escritor@gmail.com

F I N